Maxime Du Camp

Le Salon
de 1867

Critique

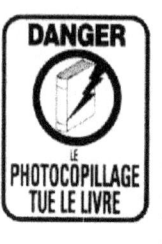

Maxime Du Camp

Le Salon de 1867

Critique

Table de Matières

Introduction

Le règlement, approuvé par le maréchal ministre des beaux-arts en date du 27 octobre 1865 dit, article 26 : « Deux médailles d'honneur de la valeur de 4,000 francs chacune pourront être accordées aux auteurs des deux œuvres les plus éminentes du Salon, et des médailles exceptionnelles seront décernées par le vote de tous les artistes exposants ayant obtenu une médaille aux précédents Salons. » C'était là une mesure excellente et libérale ; mais elle n'a pas duré longtemps, et bien vite l'administration a ressaisi le privilège qu'elle avait semblé abandonner au droit commun. L'an dernier, ce jury spécial, composé de tous les artistes médaillés, a prononcé un jugement très équitable ; par ses nombreuses abstentions, par la grande quantité de bulletins blancs déposés, il déclara qu'aucune œuvre ne méritant la médaille d'honneur, cette dernière ne serait pas décernée. Nulle décision ne pouvait être plus juste, plus rationnelle, plus sérieusement motivée. Le maréchal Vaillant partagea l'opinion commune car dans le discours qu'il prononça le 14 août et distribuant les récompenses réglementaires, il prit soin de dire aux artistes : « Vous avez du reste reconnu vous-mêmes cette infériorité relative du Salon, puisque, appelés à décerner les deux médailles d'honneur, vous avez déclaré par vos votes qu'il n'y avait pas lieu d'accorder cette année ces récompenses exceptionnelles. » C'était parler d'or et prouver aux exposants médaillés qu'on avait compris et respecté leurs votes consciencieux. Cependant le ministre des beaux-arts ajoutait presque immédiatement : « Il est juste de tenir compte des scrupules que vous avez manifestés ; le règlement sera modifié sur ce point pour l'exposition de l'année prochaine, et le jury des Récompenses auras comme précédemment, la faculté de décerner les deux grandes médailles. » Ainsi les artistes sont punis pour avoir fait leur devoir, pour avoir voté selon leur conscience, pour avoir estimé qu'aucun d'entre eux, n'ayant produit une œuvre particulièrement belle, ne méritait une récompense particulièrement glorieuse ; le droit qu'ils ont exercé avec sagesse et convenance, on le leur retire, on le remet de nouveau au jury, qui se hâtera, selon ses habitudes, d'en user pour lui-même. Cela est fort triste et semble signifier que la médaille d'honneur est *forcée*, et que, coûte que coûte, il faut la donner à quelqu'un. A se laisser ballotter ainsi de règlement en règlement, à sortir de tutelle pour y rentrer aussitôt, les artistes courent grand risque de perdre autre chose que des récompenses honorifiques et de laisser quelque peu de leur dignité dans ce va-et-vient administratif, auquel il est difficile de comprendre quelque chose. S'ils eussent conservé le droit qu'on leur avait accidentellement concédé l'année dernière, il me paraît que devant le Salon de 1867 ils auraient de nouveau prouvé par leur vote qu'en l'absence d'une œuvre exceptionnelle la récompense exceptionnelle devait encore être ajournée.

L'administration est souveraine maîtresse ; elle décide à quelle époque s'ouvre ou se ferme l'exposition, quel nombre fixe de récompenses on accordera ; tout est réglé, prévu, déterminé ; on peut obtenir la croix d'honneur à l'ancienneté après trois médailles. Tout cela est ainsi aujourd'hui, et demain tout peut être remis en question par un simple arrêté ministériel. Les artistes s'inclinent faute de mieux ; on les protège, ils s'imaginent donc qu'on protège l'art, et ils ont intérêt à ne pas s'apercevoir qu'on fait diamétralement le contraire. C'est à ce système qu'on doit cet affaissement visible dont on se préoccupe, et qui chaque année semble augmenter d'un degré. Je voudrais voir appliquer aux expositions le système de la liberté la plus large ; en telle matière, ce serait peu dangereux. Chaque année, pendant trois mois, on livrerait aux artistes le Palais de l'Industrie ; ils y établiraient leur exposition comme ils voudraient, à leurs risques et périls ; sur le prix des entrées, ils prélèveraient de quoi se décerner toutes les médailles imaginables, l'état ne s'en mêlerait pas et les laisserait seuls en présence du public, qui est le vrai maître après tout, car c'est lui qui paie. Rien ne serait plus facile que de réaliser ce rêve peu ambitieux ; mais je sais qu'on n'y pense guère. L'administration et les artistes sont attachés par d'indissolubles liens ; l'une en retire de l'importance, les autres y trouvent du profit, et ils resteront unis longtemps encore comme de vieux amoureux qui se querellent, connaissent leur côté faible, se pardonnent leurs mauvais procédés et ne peuvent se résigner à se dire adieu. Puisque M. le ministre des beaux-arts est tout-puissant et qu'il lui suffit d'un simple trait de plume pour modifier aujourd'hui le règlement d'hier, ne pourrait supprimer ce bénéfice d'exemption qu'il accorde aux artistes qui ont obtenu déjà une médaille ? Les *exempts* ont exposé cette année des tableaux qui ne devraient trouver place que dans la salle des refusés, et c'est cela qui suffit à donner au Salon actuel un aspect de médiocrité plus apparente que réelle. Je ne comprends pas qu'en matière d'art les droits acquis puissent servir à quelque chose. On peut avoir fait un chef-d'œuvre et ne plus savoir peindre ; cela s'est vu, cela se voit encore aujourd'hui même. Si tel tableau qu'il est superflu d'indiquer, qui est signé par un membre de l'Institut, avait été envoyé par un débutant, il eût été refusé à l'unanimité. Ces exceptions sont inutiles et dangereuses ; les artistes qui en sont l'objet sont certains d'être admis, dès lors ils ne se donnent pas grand'peine et expédient à l'exposition le premier tableau venu, souvent même celui qui avait été repoussé quelques années auparavant. Le droit commun pour tous, c'est ce qu'il y aurait de plus simple, de plus honorable, de plus rationnel, et ce qui donnerait à nos exhibitions d'art un côté réellement pratique et sérieux. Puisque le jury est maintenu et fonctionne, il doit prononcer, comme une cour de cassation, en dernier ressort, sans tenir compte des récompenses ou des exceptions administratives. En supprimant les difficultés de l'admission, on supprime du même coup l'effort de l'artiste, et c'est là cependant ce qu'il faut développer à tout prix, sans relâche et sans faiblesse, car c'est par l'effort toujours renouvelé et visant très haut que nos artistes arriveront à prouver qu'ils sont encore capables, de faire de grandes choses.

Section I

Il est probable que les sculpteurs se sont réservés pour l'exposition universelle ouverte au Champ de Mars, car les premiers d'entre eux n'ont rien envoyé au Palais de l'Industrie ; sauf de rares exceptions, les maîtres se sont abstenus, et nous n'avons guère à parler que des élèves. La sculpture est encore exposée dans un long couloir désagréable d'aspect, qui ressemble à une immense, cave où les statues blanchissent de loin comme des fantômes. Nous regrettons le jardin et nous ne répéterons pas aujourd'hui ce que nous avons dit l'année dernière ; nos observations restent les mêmes, aussi justes que par le passé, et rien dans cette installation renouvelée n'est venu leur donner un démenti. Seulement nous insisterons sur ce point : ce qui est bon pour les bas-reliefs n'est pas bon pour les ouvrages de ronde bosse, et tant que les statues ne seront point posées sur des *selles* pivotantes, elles seront insuffisamment éclairées par un jour de fenêtre, qui ne peut forcément en développer qu'une seule face. De plus les statues ne sont pas faites pour être placées sur des cheminées ou sur des étagères, elles sont destinées à des jardins, à de larges vestibules, à des péristyles où la lumière ambiante les baigne de toutes parts, en enveloppe les contours et les fait ce qu'elles doivent être, des formes saillantes par elles-mêmes et qu'on peut examiner de tous côtés. Si, comme on le prétend, les sculpteurs ont impérieusement demandé pour l'exhibition de cette année cet emplacement insuffisant, ils sont probablement satisfaits, et je n'ai plus rien à dire, car il ne convient pas d'être plus royaliste que le roi.

La stérilité apparente de l'exposition de sculpture ne doit surprendre personne, car son champ est restreint et beaucoup moins fécond que celui de la peinture, qui peut toucher à tout, se renouveler sans cesse et se modifier facilement par le choix d'une infinité de sujets. Certains esprits, plus hardis peut-être qu'il ne faudrait, se sont sans doute trouvés mal à l'aise dans le monde mythologique, où la statuaire va le plus souvent chercher ses inspirations, et c'est à cela peut-être que nous devons certaines tentatives malheureuses, notamment cette tendance que nous avons déjà signalée, et qui consiste à dépasser de parti-pris les dimensions raisonnables que comporte un sujet quelconque. Telle statuette serait charmante, qui devient ridicule, si l'on en fait une statue. Le *est modus in rebus* s'applique à l'art plus qu'à toute autre chose, et c'est souvent affaiblir une œuvre que de la grandir outre mesure. Un sonnet sans défaut vaut seul un long poème, mais le sujet propre à inspirer un sonnet ne pourra jamais animer un poème entier. Beaucoup de sculpteurs semblent ignorer cette loi bien simple de pondération et d'équilibre ; ils prennent volontiers l'amplification pour l'éloquence, oublient le rapport forcé qui existe entre, la conception et l'exécution, croient faire acte de force en agrandissant leur *maquette*, et ne voient pas qu'en agissant ainsi ils ne font que s'amoindrir. Que penser de deux statues, grandeur naturelle, représentant chacune un homme qui bâille, et d'une autre de même dimension qui nous montre un jeune homme sortant de l'eau tout nu et remettant ses bas ? Michel-Ange a traité le même sujet, mais en peinture, et il se serait, bien gardé d'y condamner la statuaire. Un autre sculpteur, fatigué sans doute des froides attitudes et des poses majestueuses, a été bien plus loin encore et s'est livré à une fantaisie qui ne manque pas d'imprévu. Sa statue, en plâtre teinté d'une nuance terre cuite, nous apprend comment les Indiens *cabôclos* tirent de l'arc. Il faut avouer que l'exercice est fatigant et exige une grande souplesse dans les reins. L'homme est couché sur le dos, une jambe levée en l'air ; sur la plante du pied, il a posé son arc à la main, il tient la longue flèche qui a tendu la corde. Ne voilà-t-il pas une belle posture pour une statue ! Tout est inharmonieux dans cette pose extravagante, les lignes se contrarient, se heurtent et se nuisent ; le dos est courbé, la nuque soulevée par l'effort ; quand la flèche sera partie, le point d'appui manquera, et l'homme sera culbuté. Et ce qu'il y a de plus étrange, c'est que ce n'est même pas exact. Les Cabôclos, qui sont de grands chasseurs d'oiseaux, se mettent en effet sur le dos pour tirer, mais ils lèvent les deux jambes en l'air, appuient l'arc sur leurs deux pieds, et la flèche est maintenue entre les deux orteils. — Le sculpteur n'a osé qu'à demi, et il a rabattu une des jambes par terre, ce qui détruit précisément l'équilibre. Ce tour de force est bon pour un saltimbanque ou pour un sauvage, mais il n'était peut-être pas indispensable de l'approprier à la statuaire. Il ne faut pas confondre l'original et le baroque ; ce sont deux choses essentiellement différentes, et l'auteur du *Faune sautant à la corde* parait l'ignorer. Faire une statue ne touchant pas son socle, enlevée à l'aide des poignets sur une corde de métal qui sert de base au personnage, ne prouve qu'une chose, c'est qu'on a réussi à trouver un acier assez fort pour supporter un poids considérable ; l'art n'a rien de commun avec ces sortes d'œuvres maladives et biscornues où l'excessive recherche n'accuse qu'une triste stérilité. Tous ces gens qui bâillent, mettent leurs bas, lèvent les pieds en l'air et sautent à la corde peuvent paraître étranges, arracher un sourire au spectateur indifférent ; mais, au lieu de se donner tant de peine pour imaginer ces attitudes contraintes, il eût mieux valu être moins recherché et avoir un peu de talent.

A toutes ces fantaisies violentes et qui sont propres aux époques de décadence, nous préférons sans la moindre hésitation *la Fileuse de Procida*, par M. Léon Cugnot. C'est fort simple, et l'auteur ne s'est pas mis l'esprit à la torture pour inventer l'impossible. M. Cugnot, qui est de la bonne école, sait que la statuaire est calme par essence, et qu'il est dangereux d'immobiliser, que dis-je ? de pétrifier un personnage dans des gestes outrés. Quand par hasard les maîtres l'ont fait, ils ont mis tant de majesté, d'ampleur et de précision dans leur œuvre que toute exagération disparaît ; de plus ils ont voulu exprimer un des états naturels de l'homme, les souffrances, comme dans le *Laocoon* ou dans le *Milon de Crotone*, l'intrépidité, comme dans le *Thésée* qu'on appelle à tort *le Gladiateur*, mais jamais ils n'ont essayé de rendre une attitude accidentelle qui n'aurait eu d'autre mérite et d'autre attrait que l'étrangeté. Dans *la Fileuse*, que j'aurais préféré voir en marbre, car le bronze me paraît l'alourdir quelque peu, tout est vrai, sage et gracieux. Une jeune fille vient de tourner son fuseau pour y enrouler le fil et le ramène vivement vers sa quenouille ; les deux bras, se faisant contrepoids et pendans, sont placés à la hauteur de la tête, qu'ils découvrent tout en l'encadrant. Les traits sont fins, presque grecs par l'élégance, les cheveux retroussés laissent voir les tempes, le visage est jeune d'une expression très douce et modelé par une main déjà habile ; les bras nus, relevés comme les anses d'un vase antique, sont d'une grâce parfaite et font valoir le torse ; toute la partie inférieure est couverte d'une draperie, sans raideur, qui tombe sur des pieds charmants. L'auteur de cette statue est sans contredit un homme de talent ; il sait son métier et il paraît respecter son art. Malheureusement la *patine* de sa figure a singulièrement souffert ; elle est inégale et dès lors différente, vert foncé en bas, vert grisâtre dans la partie supérieure. On dirait notamment que le visage et les cheveux ont été striés par la pluie. Rien ne serait plus facile que de remédier sur place à cet inconvénient ; un réchaud, un pain de cire vierge et un morceau de flanelle suffiraient.

M. Protheau avait exposé en 1857 une statuette, *Nourrice indienne*, qui était un petit chef-d'œuvre de finesse et d'expression ; aujourd'hui son groupe de *l'Innocence et l'Amour* se distingue par des qualités sérieuses qui feraient concevoir de très hautes espérances, si la mort ne les avait brisées par un de ces coups prématurés et inattendus auxquels elle s'exerce avec une cruauté que rien ne fléchit. Quoique le sculpteur ne soit plus là, sa statue nous reste pour prouver ce qu'il aurait pu faire, s'il eût vécu. C'est un vieux sujet que *l'Amour et l'Innocence*, mais le talent peut tout rajeunir et donner des forces nouvelles aux mythes épuisés par l'abus que l'on en a fait. Une jeune fille est assise et serre contre sa poitrine avec un geste à la fois naïf et pressant le petit dieu plus féroce que badin. La pose est sans prétention et par cela même mérite d'être louée. L'Innocence a un visage dont l'expression, légèrement étonnée, est peut-être un peu trop insignifiante. Je ne crois pas du reste que l'auteur y ait mis la dernière main ; il n'aurait pas laissé, j'en suis convaincu, cette large arête du nez, qui paraît plus large encore sous le jour brutal qui l'éclaire. Il semble avoir gardé tout son talent, toute son habileté pour amener à l'état de perfection les mains, les bras, les pieds de l'Amour ; cette partie est traitée avec un soin recherché, étudiée minutieusement sur nature, et fourmille de jolis détails que ne déparé pas une certaine afféterie les extrémités de la jeune fille révèlent un ciseau rompu à toutes les difficultés du métier, les draperies sont bonnes, et l'ensemble, malgré une sorte de mollesse générale, est plaisant et digne d'éloges.

M. Carrier-Belleuse expose deux groupes considérables. Si parfois nous avons critiqué la façon trop matérielle dont il traitait certains sujets, nous avons toujours reconnu en lui une adresse peu commune et une vigueur de production vraiment extraordinaire. Il faut admirer l'artiste qui ne déserte aucun champ de bataille, lutte sans cesse, saisit toutes les armes qui sont à sa portée, et finit, à force d'énergie, de volonté, de persistance, par s'imposer victorieusement à l'attention du public. Cela n'est pas un mince mérite, et M. Carrier-Belleuse le possède à un degré supérieur. Malgré tous ses efforts, auxquels il convient de rendre justice sans réserve, il n'est pas encore parvenu à dégager complètement toute l'originalité qui est latente en lui, et l'on dirait que sa *manière* hésite, tâtonne, passe d'une réminiscence à une autre, et ne parvient pas à s'asseoir définitivement sur une base stable. J'ai peur que la trop grande facilité de M. Carrier-Belleuse n'y soit pour quelque chose. Il est sorti de l'atelier de David d'Angers, on ne s'en douterait guère à voir ses œuvres ; par ses bustes en terre cuite fouillés, détaillés, vivants, il a semblé se rapprocher des maîtres du XVIIIe siècle ; par son *Angélique* de l'an dernier, il avait paru se tourner vers le Bernin ; par son groupe exposé aujourd'hui sous le titre *Entre deux Amours*, on dirait qu'il penche vers les sculpteurs de la renaissance. Ce ne sont point là des reproches, car il faut savoir comprendre les attraits que subissent tyranniquement certaines natures bien douées et portées à l'admiration des belles choses. La personnalité n'arrive souvent à la libre et entière possession de soi-même qu'après avoir longtemps cherché une route que tout nouveau chef-d'œuvre entrevu semblait lui ouvrir. D'hésitations en hésitations, on parvient enfin au but rêvé, car chaque tentative a été une étude fortifiante, et l'artiste qui parfois a désespéré en passant, à son insu peut-être, d'un maître à un autre se réveille un beau matin maître lui-même ; la lumière s'est faite, et il peut diriger avec sûreté un talent mûri par des travaux qui ont fini par déterminer cette individualité à la poursuite de laquelle il s'était égaré. Est-ce là le cas de M. Carrier-Belleuse ? Je le croirais volontiers, et je l'en félicite : rien n'est plus honorable que ces longs et pénibles voyages de découverte ; on risque parfois de faire naufrage, mais quelle joie lorsqu'on jette enfin l'ancre dans le port espéré ! L'allégorie intitulée *Entre deux Amours* est assez nouvelle et ingénieuse. Une jeune mère tenant son enfant appuyé contre son sein est assise et écoute un Amour qui, juché sur le banc et dressé sur ses petites jambes, lui murmure à l'oreille des paroles qu'elle ferait mieux de ne pas entendre. Quel sera le vainqueur ? A voir le visage un peu trop expressif de la femme, on peut croire que ce ne sera pas l'enfant qui repose sur sa poitrine maternelle. C'est agréable et fin, un peu trop précieux d'intention peut-être, mais très bien conçu au point ; de vue de la statuaire, d'une excellente disposition générale et d'un ensemble habilement compris. Le ciseau a été partout d'une habileté extraordinaire ; M. Carrier-Belleuse est incontestablement un praticien de premier ordre ; il ne néglige aucun détail et se plaît à rendre dans toute leur gracieuse minutie les mille inflexions de la chair ; il interprète la vie d'aussi près que possible et donne au marbre des frissonnements d'épiderme. La place de Pradier est vide depuis sa mort, ne serait-elle pas réservée à M. Carrier-Belleuse ? En regard de ce groupe et comme en opposition, il en expose un autre d'un genre et d'une facture absolument différents. *Le Messie* représente la Vierge assise, drapée tout entière, baissant les yeux et élevant au-dessus de sa tête le *bambino*, qui tend ses mains bénissantes.

C'est une large étude de draperie, à laquelle on pourrait reprocher quelque mollesse d'exécution, mais qui est d'une composition savante et d'une forte ampleur. Cela remet en mémoire la grande madone peinte par Carlo Maratta à Monte-Cavallo, avec plus de finesse dans l'exécution et moins de lourdeur dans l'ensemble. Ces deux groupes, qui montrent le talent de l'artiste sous deux faces distinctes, font grand honneur à M. Carrier-Belleuse, et suffisent à donner à la sculpture du Salon de 1867 une importance qu'il est juste de signaler.

Section II

Les salles réservées à la peinture offrent toujours le même aspect ; rien n'y paraît sérieusement modifié depuis quelques années. La grande peinture s'en va, elle semble ne plus appartenir à nos mœurs rapides et factices ; elle est remplacée par *le genre*, où l'on retrouve du moins, à défaut de hautes et belles qualités, une sorte d'intimité qui peut attirer et retenir l'attention pendant quelques instants. Parfois cette intimité est, il est vrai, poussée trop loin, et franchit certaines limites qu'il serait de bon goût de ne point dépasser. Il peut être singulier de montrer un homme, demi-vêtu, faisant sa barbe devant une glace ; mais, si sur la toilette on place intentionnellement et en évidence un meuble familier qui appartient à l'arsenal de M. Purgon, on a fait une *charge* d'un goût douteux et non point un tableau digne des honneurs de la cimaise. Ces plaisanteries, qui n'appartiennent à l'art par aucun côté et qui semblent une réminiscence des plus mauvais jours de M. Biard, ne sont vraiment pas intéressantes. On pourrait les excuser et en rire, si le peintre avait su en faire un chef-d'œuvre ; mais nous sommes loin de là, et ces sortes de choses, devraient rester à l'atelier pour n'en jamais sortir. L'absence d'imagination est flagrante, et sous ce rapport la peinture n'a rien à envier à la sculpture. Les mêmes artistes se traînent sur la route où déjà nous les voyons depuis si longtemps ; ils reproduisent de nouveau les sujets qu'ils ont déjà traités à satiété. Il y a des tableaux qui sont presque des plagiats, et si Eugène Delacroix, revenu tout à coup du monde glorieux qu'il habite, traversait le Salon, il pourrait reconnaître et saluer sa *Médée*, son *Enlèvement de femme arabe*, un groupe de son *Massacre de*

Scio et une bonne partie de son *Assassinat de l'évêque de Liège*. M. Ponsard peut être fier : dès l'an dernier, on parlait du *Galilée* qu'il a fait représenter dernièrement à la Comédie-Française, aussi les *Galilées* ne sont pas rares à cette exposition ; mais ils ne font qu'une concurrence inoffensive à celui du poète. Comme toujours, il y a beaucoup de femmes nues ; je voudrais qu'on pût les réunir toutes les unes auprès des autres, ce serait fort instructif, et l'on pourrait embrasser du regard les différences essentielles qui existent dans la façon de voir des peintres. Depuis les tons bruns de M. Henner jusqu'aux tons laiteux de M. Boutibonne, il y a pour rendre la couleur chair une inconcevable variété de teintes, et qui serait inexplicable, si l'on ne savait que chaque individu voit et analyse les nuances d'une manière absolument spéciale. Cela est vrai aussi pour les étoffes. La même draperie bleue, uniformément éclairée, copiée en même temps par vingt peintres différents, sera reproduite avec vingt colorations différentes. On peut affirmer que nul n'est certain de voir juste et d'arriver à faire passer sur la toile la nuance précise qu'il a sous les yeux.

S'il y a beaucoup de nudités, il n'y a pas moins de portraits. Les gens décorés, — et il n'en manque pas, — ont mis toutes leurs croix pour se faire peindre ; il y a des figures placides et vieillottes qui sont étranglées par trois ou quatre cordons serrés autour de leur cou et du plus singulier effet. C'est souvent une dure nécessité pour un artiste que d'avoir à faire un portrait en costume officiel. Pour les magistrats, les rouges et les blancs ne s'harmonisent guère à cause de la disposition obligatoire des couleurs ; pour les soldats, la garance, le bleu foncé, le jaune d'or, jurent et donnent forcément un aspect *perroquet* aux toiles les meilleures. L'unité de tons est ce qui convient le mieux aux portraits ; les maîtres du XVIe siècle, le savaient bien, et je regrette que les exigences modernes ne permettent pas à nos artistes de faire comme eux. Nous devons dire cependant que MM. Rodakowcki, Kaplincki, Pomey et Cabanel ont exposé de fort bons portraits. La peinture d'histoire, n'est que bien faiblement représentée au Salon, car il est impossible de considérer comme des tableaux d'histoire ces toiles immenses où l'insignifiance du sujet le dispute à la faiblesse de l'exécution. Faire des espèces de peintures à la détrempe sur une toile de vingt pieds où l'observation la plus attentive ne peut arriver à découvrir ni dessin, ni couleur, ni composition, malgré de grandes visées au style, c'est d'une puérilité extrême et que rien ne justifie. Réunir trente personnages grands comme nature autour d'une table de jeu, les grouper au hasard sans action commune déterminée, abuser d'une facilité extraordinaire pour donner dans un tableau d'une telle dimension toute l'importance à des étoffes, c'est, comme on disait jadis en plaisantant ; l'erreur d'un homme d'esprit qui prendra sa revanche ; mais à coup sûr ce n'est point là de la peinture d'histoire. Il faut le répéter à satiété dans l'espoir qu'on sera enfin entendu : les grands tableaux ne font pas la grande peinture, et il ne suffit pas de faire des personnages de six pieds de haut pour avoir du style.

Ce que les peintres semblent rechercher avant tout aujourd'hui, et ce qu'ils atteignent presque tous, quoique à des degrés différents, ce n'est ni le style, ni la composition, ni l'ordonnance ; ni l'harmonie générale ; c'est le petit effet, le morceau réussi, l'adresse d'exécution, le tour de main ; en un mot, le métier seul les préoccupe et l'art est oublié : tendance dangereuse et que les prétendus amateurs qui achètent des tableaux n'ont pas peu contribué à encourager. L'à peu près suffit, beaucoup de toiles exposées aujourd'hui ne sont en réalité que des ébauches, et c'est ce qu'un artiste digne de ce nom ne devrait jamais se permettre. Tout est prétexte à peinture cependant, et il n'est pas besoin d'aller chercher des sujets extraordinaires pour faire un bon tableau lorsqu'on a en soi le vif sentiment de l'art ; il faut être sincère, difficile pour l'exécution, ne point tricher et ne pas s'imaginer que les tours d'adresse soient des tours de force. Quel est le chef-d'œuvre du Salon de 1867 ? C'est un tableau de fleurs, le *Bouquet de roses moussues* de M. Maisiat ; ce n'est pas un *trompe-l'œil* comme les agates et les orfèvreries de M. Blaise Desgoffes, c'est la nature prise sur le fait, et cependant c'est de l'art au large sens du mot. Si je n'aime pas la console dorée et le marbre blanchâtre qui supportent le vase de grès où baigne la gerbe fleurie, je ne puis dire combien je trouve admirables ces roses, ces boutons, ces feuilles humides, dont la contexture même est rendue, mais sans petitesse, avec une touche grasse, à la fois large et précise. Les dégradations des nuances, plus sourdes vers le cœur de la fleur, veloutées et brillantées vers le sommet, la flexibilité des tiges, la mousse légère qui côtoie et semble soutenir les pétales, la vie végétale, pour tout dire, a été saisie là et exprimée avec une intelligence extraordinaire. Il y a plus d'art dans cette petite toile, qui paraîtra peut-être insignifiante à bien des yeux, que dans les énormes tableaux prétentieux auxquels je viens de faire allusion. S'il faut absolument qu'une grande médaille d'honneur soit décernée cette année, et si elle est destinée à récompenser une œuvre d'art exceptionnelle, je crois qu'on peut la donner à M. Maisiat sans craindre de se tromper. Lorsqu'on se rappelle, la *Vénus ceignant sa ceinture pour se rendre au jugement de Pâris* que M. Emile Lévy avait envoyée au Salon de 1863 et qu'on voit le tableau qu'il expose aujourd'hui, on ne peut qu'applaudir aux progrès accomplis par l'artiste. Il faut que ses efforts aient été très consciencieux, sa volonté de bien faire considérable, pour qu'en si peu de temps il soit parvenu à modifier sa manière, dédaigner le *poncif* de la vieille école, rendre son dessin correct et obtenir un coloris meilleur. Nous tromperions M. Lévy en lui disant qu'il est un maître, mais nous pouvons affirmer qu'il le deviendra, s'il continue avec courage à se fortifier par le travail et par l'étude. Souvent nous avons été sévère pour lui, et, quoique ses progrès aient été constants, on était en droit d'exiger plus, car on sentait un effort qui n'aboutissait pas. Il y a en toute chose un certain point qu'il est facile d'atteindre, où beaucoup sont parvenus, mais qu'il est souvent bien malaisé de dépasser, et au-delà duquel on trouve une force nouvelle et le juste prix de la persistance. Ce point, il me semble que M. Lévy vient cette année même de le laisser loin derrière lui. Il serait imprudent de s'arrêter maintenant ; l'horizon est ouvert avec les larges champs qu'il faut parcourir encore avant de se reposer. M. Lévy a eu le grand prix de Rome en 1854 ; son envoi de cinquième année, exposé au Salon de 1859, le *Souper libre*, n'était ni bon ni mauvais, c'était simplement un tableau comme il en sort tous les ans de la villa Medicis ; ses premiers tableaux, *Vénus, Vercingétorix*, étaient grêles, d'une peinture assez molle et d'un contour beaucoup trop sec. Le peintre se cherchait et ne se trouvait pas. L'an dernier, la *Mort d'Orphée*, et l'*Idylle*, malgré certains défauts que nous avons signalés, indiquaient déjà que les bonnes qualités avaient une tendance à prendre le dessus et à triompher de ce que l'éducation première avait eu d'insuffisant. La métamorphose est complète aujourd'hui ; la chrysalide a brisé sa coque, nous le constatons avec joie. Un fait est frappant surtout chez M. Emile Lévy ; il est manifeste qu'il n'est point de coloriste et qu'il fait des efforts extraordinaires pour le devenir. S'il continue, il le deviendra, et nous aurons assisté à un phénomène étrange, car le don de la couleur est généralement inné. Je croirais volontiers que la vue des tableaux de M. Gustave Moreau n'a point été sans exercer une notable influence sur M. Lévy ; dans son *Vertige*, je retrouve une sorte de réminiscence vague des colorations du jeune maître, qui n'a rien exposé cette année. Cela est un bon signe, car, lorsqu'on apprécie franchement les qualités, des autres, on est tout près de reconnaître ses propres défauts et de s'en corriger. C'est là un mérite qui n'est point mince, et il me paraît que M. Lévy le possède, à un haut degré. « S'améliorer, » disait Goethe ; tout est là en effet, dans la vie comme dans l'art, et il faut s'imprégner de cette idée vraie que le but est très lointain et que l'existence ne suffira peut-être pas à l'atteindre. Je ne sais si M. Lévy a dans le cerveau un idéal de perfection, il n'y touche pas encore ; mais il l'a entrevu, et c'est déjà beaucoup. Le sujet du *Vertige* est des plus simples. Un jeune homme et une jeune fille, deux enfants, pourrait-on dire, sont partis pour la chasse ; à coups de flèches, on a tué des moineaux et des grives ; puis, de poursuite en poursuite, on est arrivé au sommet de la montagne ; la terre manque, le précipice s'ouvre, et la tête tourne au jeune chasseur, qui s'appuie contre la muraille du rocher placé derrière lui, tandis que sa compagne, plus brave, le retient d'une main et se penche au-dessus de l'abîme pour en mesurer la profondeur. Tout cela est charmant, bien réussi, habilement dessiné et d'un coloris dont la gamme générale n'est point déplaisante. Le contour est excellent, il n'a plus cette sécheresse que nous avons reprochée autrefois à M. Lévy ; la brosse est plus ferme, très solide dans certains morceaux, et je m'étonne qu'elle ait encore tant de mollesse dans la partie de montagne placée derrière le jeune chasseur, tandis qu'aux premiers plans elle a toute la vigueur désirable. Le ciel est blanc, et un paysage d'un vert assez doux forme le fond du précipice au-dessus duquel les deux enfants sont suspendus. Le jeune homme, demi-nu, est ceint d'une draperie habilement agencée, où l'on reconnaît les tons jaunes, bleus et rouges, un peu éteints, familiers aux peintres de l'école florentine ; la tête brunie de tons bistres, de profil perdu, se détache en sombre sur le ton laiteux des nuages ; les épaules, les genoux, les chevilles, sont attachés par un homme qui connaît bien son anatomie et qui a étudié le nu sur nature. La petite fille, penchée en avant par un geste plein d'élégance et de naturel, montre un joli visage où éclatent toutes les belles fraîcheurs de la jeunesse. M. Lévy n'a pas fait un chef-d'œuvre, mais il a fait un très bon tableau. Ce serait le traiter cependant avec une légèreté dédaigneuse que de ne pas lui dire la vérité tout entière et de ne pas lui adresser quelques critiques dont peut-être il pourra tirer parti.

L'ordonnance générale de cette très gracieuse composition pouvait rester la même ; elle eût cependant singulièrement gagné, si la coloration et surtout la distribution de lumière eussent été modifiées : je m'étonne que M. Lévy n'y ait point songé. Au lieu de chercher un effet d'*ombre chinoise*, c'est-à-dire d'enlever son principal personnage, en vigueur, brune sur un fond blanc, ce qui noie les traits du visage et les fait presque disparaître dans une teinte sépia un peu froide, pourquoi n'a-t-il pas fait à peu près le contraire ? Ne valait-il pas mieux éclairer ce jeune profil et en détacher la silhouette lumineuse sur un de ces ciels bleu foncé comme M. Lévy en a souvent vu le matin, à Rome, vers le mois d'octobre ? A la place de ce paysage sans grandeur et sans beauté qui, avec ses longues lignes droites, ressemble trop à un dessin linéaire, pourquoi n'avoir pas fait circuler la mer, une mer paisible, de cette nuance indécise entre le vert et l'indigo que les poètes ont appelée céruléenne, et qui se serait si bien mariée à l'azur du ciel ? On aurait eu alors une harmonie générale très forte qui aurait servi de point d'appui aux deux personnages, dont la coloration et la lumière auraient pu être poussées aussi loin que possible. Tout alors, le chasseur, la jeune fille, le terrain, se seraient détachés avec bien plus de netteté dans un air ambiant qui aurait fait valoir leurs fins contours et aurait accentué leur tonalité. Le défaut principal du tableau est dans les rapports des nuages blanchâtres avec le visage trop foncé du jeune homme ; l'effet est sombre et triste : avec une tête éclairée et un ciel de cobalt, tout eût été vivant. Néanmoins et malgré ces observations, qui n'atténuent en rien ce que j'ai dit du talent de M. Lévy, on peut concevoir maintenant les plus sérieuses espérances ; l'artiste qui, parti de la *Vénus ceignant sa ceinture*, est arrivé au tableau du *Vertige*, qui en moins de quatre années a su parcourir un tel chemin, doit tôt ou tard être appelé à jouer un rôle important dans l'école française, qui, plus que jamais, a besoin de bons exemples et de bonne direction.

L'art est-il donc une échelle double ? Pendant que M. Emile Lévy monte d'un côté, voici de l'autre M. Isabey qui descend. Il y a précisément vingt ans aujourd'hui qu'il exposait au Salon de 1847 *une Cérémonie dans l'église de Delft*. C'était une révolution dans sa manière, et cette toile jeta un vif éclat sur sa renommée. Qui ne se souvient de cette merveille, de cette symphonie de la couleur et du dessin ? Jamais femmes plus charmantes n'avaient encadré de plus fins visages dans la fraise godronnée, jamais cavaliers plus élégants n'avaient retroussé leur moustache. Toutes les figures avaient été traitées avec amour, nul détail n'avait été négligé, chaque expression était exacte, la souple habileté de crayon luttait avec la richesse d'une palette éblouissante qui ressemblait à l'écrin des péris. Pourquoi tout cela n'est-il plus qu'un souvenir, et pourquoi n'en retrouvons-nous rien aujourd'hui dans les tableaux de M. Isabey ? L'*Épisode de la Saint~Barthélemy*, auquel on a fait les honneurs du grand salon, est à peine une ébauche ; si à distance cette petite toile peut produire une certaine illusion à cause de la violence de la coloration, elle devient absolument indistincte et confuse lorsque l'on s'en approche, et ressemble à un panneau sur lequel on aurait crevé des vessies au hasard. Les têtes ne sont même pas indiquées, les draperies n'ont point de contours ; c'est un mélange de nuances brutales qui ne signifie rien. Ce peut être une note, un indice, un *memento* pour une composition future ; mais certainement ce n'est pas un tableau, car l'exécution manque. Les peintres se contentent trop souvent de ces sortes d'à peu près, qui peuvent leur être fort utiles et leur rappeler plus tard une conception à mettre en œuvre, mais qui ne devraient sous aucun prétexte être placés sous les yeux du public. En nous montrant ce tableau embryonnaire et informé, M. Isabey semble nous dire : Vous savez ce que j'ai fait jadis ; voici l'ébauche d'une idée plastique, arrangez-la comme vous voudrez. Que dirait-on si des poètes comme Hugo, comme Lamartine, se contentant de leurs chefs-d'œuvre passés, publiaient aujourd'hui des vers sans rime et sans césure ? On les renverrait à l'école, et l'on n'aurait pas tort. Si les maîtres, sans souci de leur gloire, s'abandonnent à de si coupables négligences, quelles observations aura-t-on le droit d'adresser aux élèves qui n'ont pas encore eu le temps d'apprendre leur métier ? Plus l'exemple tombe de haut, plus il doit être sévère, car sans cela il peut porter des fruits dangereux et égarer bien des jeunes esprits. En négligeant les plus simples principes de l'art, en lâchant sa facture d'une manière outrée, en ne recherchant plus qu'un effet confus de colorations désordonnées, M. Isabey semble avoir pris à tâche d'imiter les tableaux de M. Jules Noël. C'est le même papillotage, la même indécision de dessin, la même lourdeur de touches plaquées, la même insouciance pour la justesse des lignes et de la tonalité. Il est temps pour M. Isabey de retourner à ses belles et consciencieuses études d'autrefois, de revenir sur ses pas et de ne plus compromettre par des œuvres hâtives, inachevées, inexcusables, la réputation qu'il a acquise autrefois et qui est une des gloires de notre pays. La première, l'indispensable condition pour un artiste, c'est de respecter son art et de donner à ses travaux toute la perfection dont ils sont susceptibles : cette qualité, qui est considérable, on la rencontre chez M. Amaury Duval.

Il a pu se tromper quelquefois, nul n'est infaillible ; mais par le respect qu'il a toujours témoigné au public il a montré le respect qu'il avait pour lui-même. Toute œuvre qu'il a envoyée aux expositions est sortie de son atelier aussi parfaite qu'il était donné à l'artiste de la rendre ; jamais il n'a cru qu'une ébauche, une esquisse, si intéressante qu'elle fût, pouvait s'imposer à l'attention et tenir lieu des tableaux qu'on est en droit d'exiger d'un peintre sérieux. On sent, à voir ses ouvrages, qu'il a vécu dans la familiarité des maîtres, qu'il a cherché à surprendre leurs secrets, et que, s'il n'a pas leur génie, il a du moins leur conscience. Il a été forgé de bonne heure à la grande école d'où sont sortis les vrais artistes de notre temps ; il fut le disciple soumis de M. Ingres, du premier maître du XIXe siècle, de celui dont la *Revue* a parlé naguère en termes excellents. Auprès d'Hippolyte Flandrin, sous la forte direction du peintre de la *Stratonice*, il a appris à ne jamais rien laisser au hasard, à ne jamais se contenter de l'impression et à chercher toujours à rendre l'expression ; il a compris que la chasteté était la première condition du nu dans les arts ; il a dédaigné les petits moyens, les colorations tapageuses et faciles ; il a vu promptement que l'étude incessante de la ligne était indispensable à ceux qui veulent rendre les formes humaines ; il n'a jamais essayé de tromper le public par des succès de surprise, et, comme un vétéran des grandes batailles, il reste seul aujourd'hui pour affirmer par son talent quel admirable enseignement M. Ingres imposait à ses élèves. De toutes les nudités qui encombrent le Salon de 1867, la *Psyché* seule est une œuvre d'art dans toute l'acception du mot. Elle est couchée sur un lit de repos, la tête appuyée contre un bras relevé ; une ample chevelure blonde semée de perles mêle ses nuances très douces aux blancheurs de l'oreiller ; la jeune femme rêve, le visage tourné de profil, l'œil perdu dans une contemplation pleine de charmants souvenirs ; une légère draperie cache la partie inférieure de son corps et dégage un pied qui eût fait mourir Cendrillon de jalousie. Un rideau d'un rose-lilas constellé d'or complète l'harmonie générale, qui, malgré quelques nuances un peu étouffées, est d'un coloris très savant et très habile. La science de la coloration ne consiste pas dans la violence des tons, elle est uniquement dans leur valeur relative et dans leur rapport entre eux. Dans la *Psyché*, rien ne détonne, c'est une harmonie en sourdine d'un effet à la fois exquis et puissant. La ligne a cette pureté à laquelle M. Amaury Duval nous a accoutumés ; le modelé est très fort sans exagération. Je recommande surtout aux vrais amateurs de belle peinture la façon réellement magistrale dont le torse a été rendu. C'est d'une extrême sobriété, point d'empâtements superflus, pas de brutalité dans la brosse, pas de luisants inutiles ; tout est calme, sincère, vivant. La gracilité des membres, la frêle délicatesse des attaches, la finesse de l'épiderme, les contours encore un peu indécis du visage, la jeunesse en un mot a été comprise et interprétée avec autant d'intelligence que de distinction. L'expression des traits et du regard a été intentionnellement idéalisée, car M. Amaury Duval sait aussi bien que personne que ψυχή veut dire âme.

M. Amaury Duval nous a souvent prouvé qu'il n'ignore point qu'un tableau exige différentes conditions qui, se complétant l'une l'autre, forment l'ensemble harmonieux auquel on reconnaît une œuvre d'art. L'ordonnance est aussi nécessaire que la composition, le dessin est indispensable comme la couleur, et le style doit s'appuyer sur la réalité (je ne dis pas le *réalisme*) ; il y a des peintres qui dédaignent ces principes élémentaires ; ils s'imaginent qu'on doit les tenir quittes de toutes les qualités requises pour faire un artiste sérieux lorsque par hasard ils en possèdent une à un degré quelconque. M. Roybet paraît être du nombre de ceux qui sous ce rapport sont peu exigeants pour eux-mêmes. Il est coloriste et coloriste fort remarquable, ceci n'est point douteux ; mais il ne pense même pas à distribuer la lumière sur ses toiles, et se soucie fort médiocrement de la composition. Il représente les premiers personnages venus ; sa grande affaire est de peindre des étoffes, de lustrer des lampas, de faire miroiter des velours et de briser les plis luisants du satin. C'est assez puéril, et la peinture, il me semble, doit se proposer un but plus élevé. Sous le titre d'*un Duo*, M. Roybet nous montre un palefrenier et une cuisinière du XVIe siècle qui ont volé les habits de leurs maîtres, se sont vautrés sur l'herbe et chantent une ariette avec autant de grâce et de gaîté qu'on chante un *De profundis*. Les étoffes sont traitées de main de maître, j'en conviens, avec une brosse hardie et des colorations profondes du meilleur aloi ; mais cette grosse commère pansue est assez proche parente des *Baigneuses* de M. Courbet, et ce chanteur osseux, désagréable et brutal, est le portefaix du coin. De plus toute lumière est absente de ce paysage lourd et ramassé, où l'air ne circule pas, où le ciel est de plomb, où les arbres ont des feuilles de papier brouillard. Je comprends qu'on soit tenté d'étudier Giorgione ; mais vouloir refaire ce qu'il faisait il y a trois cent cinquante ans, d'emblée et du premier coup, c'est peut-être aller un peu vite et prendre le mauvais chemin : il vaudrait mieux dessiner beaucoup d'après le modèle, se persuader que l'homme est le but supérieur offert aux efforts des artistes, donner moins de valeur aux vêtements et croire qu'un visage humain a plus d'importance qu'un chiffon de soie. M. Roybet a du talent, nul ne le conteste ; on peut dire cependant qu'il en fait mauvais usage, qu'il ne le mûrit pas assez, et qu'il serait un artiste plus élevé, s'il se contentait à moins. Les réminiscences des peintres de la renaissance le tourmentent ; il passe volontiers des Espagnols aux Vénitiens. Il ne leur demande ni leur science magistrale ni leur style excellent, il voudrait surprendre leur adresse de main, leur façon souvent merveilleuse de traiter les accessoires ; il y arrive, il en approche, mais il se paie d'illusion, et au lieu du principal, qui est l'homme, il ne peint guère que l'accessoire, qui est la draperie. Nous avons une plus haute ambition pour M. Roybet ; c'est faire peu de cas des dons naturels que de ne pas les développer jusqu'aux limites du possible, et c'est réduire singulièrement son rôle que de ne pas demander à l'étude l'agrandissement fécond de ses propres facultés. M. Roybet, Croyons-nous, peut être appelé à un avenir sérieux dans l'art moderne, à la condition toutefois de s'occuper beaucoup plus de l'humanité et de laisser au second plan ces friperies secondaires qui paraissent avoir maintenant tant de charmes pour lui. S'il persiste dans la voie dangereuse où il risque de compromettre une habileté déjà recommandable, il pourra finir par se contenter d'imiter M. Ricardo de Los Rios, et s'imaginer qu'il a fait un tableau en peignant d'une brosse fort habile et très coloriste un vêtement de polichinelle oublié sur une chaise *chez un costumier*. M. Roybet vaut mieux que cela ; si nous sommes sévère pour lui tout en constatant ses précieuses qualités, c'est que nous sommes en droit d'attendre et d'exiger beaucoup d'un talent qui, pour être remarquable, n'a besoin que d'être mieux dirigé.

M. Ribot ne varie pas dans ses goûts, et il reste fidèle au culte exclusif qu'il a voué à Ribeira. De l'étude à l'imitation, de l'imitation au pastiche, il y a une distance que M. Ribot a franchie sans hésiter. On a eu beau le mettre en garde contre une tendance fâcheuse, il n'a voulu rien écouter, et aujourd'hui encore il nous montre un tableau qui a l'air d'une copie servile d'une toile de l'Espagnolet ; rien n'y a été omis, pas même la patine noire que l'âge a dû lui donner. De tout temps, M. Ribot a vu noir ; ses premiers petits *Marmitons*, malgré leurs vêtements blancs, paraissaient s'être roulés à plaisir sur du poussier de charbon. On dirait que l'artiste, après avoir terminé son tableau, le couvre d'un glacis de noir d'ivoire qui salit les parties lumineuses, rend indistinctes les parties ombrées et noie toute la composition dans un ton triste, malpropre et absolument arbitraire. Sous ce vernis en deuil, on sent cependant des colorations puissantes qui, pour apparaître dans tout leur éclat, n'auraient besoin que d'être débarrassées de cette couche de cirage qui les déshonore et les détruit. Si M. Ribot procède ainsi de parti-pris pour trouver sans grand effort une originalité tapageuse, il est bien coupable ; s'il voit réellement toute la nature à travers un crêpe noir, il est malade et fera bien de consulter un oculiste. *Le Supplice des coins* dénonce une science peu commune une observation très vraie de la nature, une grande brutalité d'impression, une habileté de brosse extraordinaire et une fermeté de dessin très recommandable ; pourquoi faut-il qu'on soit forcé d'oublier toutes ces belles qualités pour ne plus voir que ce ton d'encre uniforme qui est répandu sans motif appréciable sur la toile ? On voudrait nettoyer tout cela afin, de voir les chairs si bien modelées, les draperies si habilement agencées, reparaître avec les nuances naturelles qui les feraient valoir. M. Ribot ressemble fort aux princes de Mme d'Aulnoy. A leur naissance, les fées s'empressent de les douer ; mais la fée maligne, qu'on avait oublié d'inviter, accourt : Vous aurez toutes les qualités, mais vous ne saurez-vous en servir. Rien n'est plus douloureux que de voir une force réelle, incontestable, hors ligne sous beaucoup de rapports, se briser elle-même, faire fi de sa puissance, et se jeter au hasard d'une espèce de fantaisie archéologique que rien ne peut ni expliquer ni même excuser. Quel beau mérite d'exposer des tableaux qui ont l'air d'être restés accrochés pendant vingt ans dans une boutique de charbonnier ! Et je ne saurais trop le redire, le talent de M. Ribot est considérable, et le peintre aurait, sans contestation sérieuse, un important succès immédiat, s'il pouvait se guérir de cette manie de lessiver ses tableaux en noir. Un artiste qui veut aujourd'hui peindre exactement comme peignait Ribeira n'est pas plus intéressant qu'un auteur qui voudrait écrire actuellement comme écrivait Rabelais ; l'un et l'autre risqueraient fort de n'être pas compris. Une pareille prétention touche de près à l'enfantillage, et je crois que notre premier devoir à tous est d'être de notre temps, sous peine de le voir se détourner de nous. M. Ribot a pu en faire lui-même la dure expérience, car sa réputation est loin d'être à la hauteur de son talent.

Le Supplice des coins est une scène de torture ; le patient, attaché, est étendu par terre, un bourreau lui enfonce contre la jambe serrée dans le brodequin de bois des coins à grands coups de maillet ; des moines entourent la victime, recueillent sa confession forcée, l'exhortent et lui montrent le crucifix. En dehors du reproche général qu'on peut faire à cette composition et sur lequel je me suis déjà longuement étendu, je lui en ferai un autre qui me paraît mérité. Le patient crie, car il souffre ; mais ses traits n'expriment aucune douleur, toute l'*expression* est gardée pour les extrémités et semble surtout concentrée dans les pieds, qui se crispent, se replient sur eux-mêmes, et jurent, par la torsion qu'ils présentent, avec l'impassibilité relative du visage. Pourquoi cette anomalie ? Est-ce encore du Ribeira ? *Un vieillard* est le portrait d'un vieux Juif rendu avec une étrange vigueur, grâce au procédé de l'artiste. il a placé le visage en pleine lumière ; quant au reste du corps, il disparaît absolument, noyé dans les tons du fond. De loin, on dirait un décapité. Le sacrifice est trop radical, et laisse surtout trop facilement voir dans quelle intention on se l'est imposé. Du reste la tête est d'un relief extraordinaire et d'une puissance rare ; le front ridé, les sourcils en broussaille, le nez allongé et flasque, les joues tombantes, la barbe négligée, sont traités avec un bonheur de touche qui dénote un pinceau très habile. L'œil, un petit œil bleuâtre, transparent, rusé, mobile et perçant, est un tour de force d'exécution. Que d'adresse déployée pour arriver à un tel résultat ! Et quel homme serait M. Ribot, si, possédant déjà son métier, d'une façon victorieuse, il laissait de côté toutes ses vieilles idées d'imitations, son besoin maladif d'obtenir l'effet à tout prix, et si, usant de ses facultés exceptionnelles, il se mettait sérieusement à faire de l'art !

M. Schreyer a eu le bon esprit de ne pas renouveler la tentative malheureuse où il s'était fourvoyé l'année dernière. Au lieu de ce grand et gros tableau dans lequel ses qualités habituelles s'étaient vainement dispersées, il expose aujourd'hui deux toiles qui indiquent un heureux retour vers ses premières habitudes. Il n'a pas encore cessé de mériter certains reproches qu'on lui a justement adressés, il *fouaille* toujours trop ses tons, il semble les salir intentionnellement par des touches trop martelées ; mais ses compositions sont bonnes, habilement conçues, traitées avec un talent très, ferme, et l'une d'elles offre même une émotion réelle qui ne doit rien à la sentimentalité outrée ni au faux lyrisme. Elle porte un titre un peu prétentieux : *Abandonnée* ! Une charrette fuyant le champ de bataille, d'où elle rapportait toute sorte de défroques sanglantes, est arrêtée dans un immense paysage, sinistre, plat, coupé de flaques d'eau ; le conducteur et un des chevaux ont été tués, ils sont couchés l'un près de l'autre, atteints sans doute par le même paquet de mitraille égaré ; l'autre cheval, encore attelé au chariot funèbre, ne peut plus ni avancer ni reculer ; il est là rivé à la mort, en face de ces deux cadavres, immobilisé, trempé par la pluie, fouetté par le vent, inquiet, plein d'angoisses, hennissant et levant la tête vers l'horizon vide, où nul être vivant n'apparaît. L'uniforme autrichien, les terrains délayés semblent indiquer que le Mincio n'est pas loin et que la nuit prochaine va s'abaisser sur la journée qui a vu la lutte de Solferino. C'est glacial. La coloration grisâtre, tachetée de blanc et de brun, est d'un effet triste qui s'harmonise bien avec le sujet, le fait valoir et en double l'expression. C'est là une bonne toile et un excellent commentaire de la guerre, mais on peut reprocher à l'artiste d'avoir donné une expression presque humaine au regard de son cheval. Le *Haras en Valachie* rappelle les *Chevaux de poste* que M. Schreyer à exposés en 1863 ; c'est le même effet de neige chassée par une bourrasque de vent du nord, le même tassement d'animaux se pressant les uns contre les autres, le même aspect lugubre et désolé. Les chevaux sont en plus grand nombre et de dimensions plus petites, c'est la seule différence, et le second tableau a trop l'air de n'être que la répétition du premier. Ces hasards de rapprochement ne sont pas rares dans l'œuvre des peintres, et les constater, ce n'est point infliger un blâme. Nous ne pouvons qu'approuver M. Schreyer d'être revenu au genre de peinture qui lui a valu ses premiers et légitimes succès ; c'est une grande science de ne pas outre-passer ses forces et de développer imperturbablement ses facultés spéciales sans vouloir acquérir celles qui souvent sont incompatibles avec le tempérament. L'expérience que M. Schreyer avait tentée l'année dernière a suffi pour lui ouvrir les yeux ; celle que M. Belly fait aujourd'hui aura-t-elle un résultat aussi heureux ? Je le désire. la Fontaine a dit :

Ne forçons pas notre talent,

Nous ne ferions rien avec grâce.

Si M. Belly s'était rappelé, ces deux vers si connus qu'ils sont, un lieu commun, il est probable qu'il n'eût point exécuté son grand tableau : il aurait compris qu'il ne suffit pas d'être un agréable paysagiste pour devenir tout à coup, par inspiration foudroyante, un peintre d'histoire. J'ai rouvert et consulté trois fois le livret avant d'être convaincu que c'était bien M. Belly qui avait fait *les Sirènes*. Avec plus d'attention, j'aurais pu, dans les montagnes empruntées aux Calabres et qui forment le fond de la composition, reconnaître la manière habile dont M. Belly traite le terrain dans les paysages ; mais j'avoue que tout le reste du tableau, c'est-à-dire la partie importante, — tout le groupe de personnages — m'a paru être l'œuvre d'un de ces peintres de la restauration qu'on appelait en plaisantant la queue de David. On connaît le sujet. Ulysse, attaché au mât de sa barque est debout ; il regarde les sirènes qui s'ébattent dans la mer et chantent pour l'attirer ; il en est même une qui joue de la lyre, ce qui tendrait à prouver que vers ce temps-là les cordes ne se détendaient pas dans l'eau. Il y a là dans cette toile ambitieuse une grande visée qui n'aboutit pas et des prétentions excessives qui ne me semblent pas justifiées. La *figure* héroïque, grande comme nature, a des mystères que M. Belly n'a pas encore pénétrés et des difficultés d'exécution auxquelles il faut se rompre avant d'essayer de les aborder. Les artistes appellent une œuvre de cet ordre un grand effort ; je la nommerai plus volontiers une profonde illusion, et c'est rendre service à M. Belly que de l'engager à déposer les ailes d'Icare qu'il vient courageusement, mais imprudemment, d'attacher à ses épaules. Sa tentative est honorable, mais il peut voir à la froideur qui l'accueille qu'elle n'a pas été des plus heureuses. La veine des succès recommandables n'est point tarie pour M. Belly ; il peut facilement la rouvrir quand il voudra. Pour cela, que faut-il faire ? Peu de chose, revenir aux inspirations plus modestes d'où est sorti ce joli *Désert de Nassoub* auquel nous ayons applaudi en 1857.

M. Bida, lui, ne suit pas les feux follets décevants qui jettent le voyageur crédule hors de sa route et l'égarent dans des recherches vaines ; il reste imperturbablement penché sur l'œuvre considérable qu'il a entreprise, dont rien ne le détourne, et que bientôt il aura menée à bonne fin. Son commentaire plastique des Évangiles sera certainement un des travaux les plus curieux et les plus consciencieux de ce temps-ci. Il aura restitué à ce livre admirable son intimité familiale et l'aura débarrassé de ce côté épique et théâtral, absolument contraire à la vérité, dont la plupart des peintres l'avaient affublé en imitation des artistes païens de la renaissance, Les deux dessins qu'il expose aujourd'hui, *les Vierges folles* et *Hérodiade*, sont, comme ceux que déjà nous avons signalés plusieurs fois, d'une vérité de type extraordinaire, et l'ouvrage d'un homme à qui l'Orient a dévoilé le secret de ses mœurs et de ses coutumes. Tous deux sont exécutés avec cette légèreté, cette précision, cette adresse sans pareille qu'on ne peut se lasser d'admirer. La grâce des attitudes, l'élégante réalité des architectures, la lumière mystérieuse qui éclaire les scènes habilement composées,

donnent à ces dessins une valeur exceptionnelle et l'importance
d'un tableau d'histoire.

Section III

Parmi les peintres de genre et de paysage, nous retrouvons presque
tous les artistes dont plusieurs fois déjà nous avons entretenu le
public. Sauf un Hollandais et un Anglais qui arrivent cette année
avec des tableaux dont il conviendra de parler, je ne vois pas un
nouveau-venu qui ait fait une œuvre importante. Le genre, mêlé
au paysage ou indépendant de lui, semble être maintenant le
fonds même de l'école française ; elle a sous ce rapport beaucoup
emprunté aux maîtres belges, elle a fortifié son coloris, serré sa
manière, étudié la nature de plus près et abandonné pour toujours,
l'espèce, le côté *romance* et rococo où elle excellait jadis. C'est
là un progrès considérable ; on voit d'une façon plus simple, et
par conséquent on fait plus juste, on se rapproche de la vérité, et
l'on n'est plus gêné par les liens tyranniques de ce qu'on appelait
autrefois la convention. Les peintres voyageurs ont à leur insu
beaucoup fait dans cet ordre d'idées ; par les documents positifs
qu'ils rapportaient et qui étaient bien plus beaux, bien plus
plastiques que les vieilles traditions don on se nourrissait, ils ont à
peu près tué le *poncif* et lui ont substitué la nature. Ils ont dégagé
l'école de ses langes, lui ont rendu la liberté de ses mouvements, et
lui ont appris que la vérité, même en art, est supérieure à la fiction.
Il a suffi à Decamps de peindre et de montrer un Turc véritable
pour faire évanouir à jamais le bonhomme barbu et toujours
farouche, coiffé d'un turban surmonté d'un croissant, vêtu d'une
veste décorée d'un soleil et invariablement armé d'un cimeterre
orné de pierreries. Les artistes qui ont représenté nos paysans
de France tels qu'ils sont, ou à peu près, ont donné le coup de mort
aux pastourelles proprettes, aux bergers pommadés qui s'offraient
mutuellement des colombes, et semblaient roucouler les poésies
de Gessner, Ce qui donne aujourd'hui un intérêt tout particulier
à la peinture de genre et de paysage, c'est qu'elle s'appuie sur une
bases solide, qui est l'observation de la nature. Si l'on y mêle le style,
on est bien près de toucher au but que l'art se propose. Le style et
la vérité se fortifient l'un l'autre, et M. Jules Breton nous le prouve

encore aujourd'hui.

On peut lui reprocher de tourner dans un cercle trop restreint, de reproduire souvent les mêmes sujets et de ne point assez varier ses personnages. Serait-ce bien mérité ? J'en doute. Il vaut mieux développer plusieurs fois le même thème en l'améliorant, en lui donnant plus de force et plus d'intensité, que de risquer de s'égarer dans des domaines inconnus et peut-être dangereux. Depuis ses débuts, qui datent, si je ne me trompe, de 1849, M. Breton n'a cessé de faire des progrès. Chaque exposition a été pour lui une affirmation nouvelle. Je ne sais s'il a fait école, mais il a beaucoup d'imitateurs, et il reste encore incontestablement le premier dans le genre qu'il professe. A un certain moment, vers 1859, il a côtoyé le réalisme de bien près, et on a pu craindre qu'il ne se laissât entraîner par le mauvais exemple et tomber dans des exagérations inutiles et superficielles. Grâce à sa volonté de bien faire, à son esprit évidemment juste, il a évité l'écueil, et chaque jour maintenant il s'élève dans la compréhension de la nature. Il ne sait pas encore être complètement abstrait, et parfois il sacrifie au plaisir de rendre certains détails qui gâtent sa composition et lui enlèvent ce cachet de virilité supérieure qu'il cherche à lui donner. Il reproduit aujourd'hui dans le Retour des champs un effet quelque peu puéril qu'il avait déjà employé en 1857 dans le Rappel des Glaneuses. Je parle de cet essaim de mouches qui se détache sur le soleil couchant, et dont il a pour ainsi dire nimbé les têtes de ses femmes. Cela trouble l'œil, tache le ciel, n'ajoute rien à la composition, n'est d'aucune valeur plastique, ne sert pas au coloris, ne complète aucune ligne, n'est forcément qu'une indication à peine ébauchée, et n'aurait jamais dû tenter un artiste comme M. Breton, qui devrait toujours se tenir en garde contre les fantaisies inutiles. On me dira : Cela est vrai, je n'en doute pas ; mais toute vérité n'est pas bonne à dire, et toute vérité n'est pas bonne à peindre. Stendhal, qu'on peut écouter quelquefois, a écrit avec raison : « On arrive à la petitesse dans les arts par l'abondance des détails. » La nature fournit des documents en masse, avec une abondance maternelle que rien ne peut tarir ; elle mêle tout indistinctement, le beau, le laid, le hideux, le sublime ; elle est impersonnelle et ne choisit pas : c'est à l'artiste de faire cette sélection sévère, de rejeter tous les éléments imparfaits ou insignifiants, de montrer les autres dans leur plus grande beauté possible et de repousser énergiquement tout ce qui ne peut pas aider à la grandeur, à la simplicité de son œuvre. Plus une composition est abstraite, c'est-à-dire plus elle est dégagée de tout détail qui n'y rentre pas forcément pour la faire valoir et la compléter, plus elle est près de l'art. Voilà de bien grands mots pour quelques moustiques qui volent dans l'éblouissement des derniers rayons du soleil ; mais je voudrais pouvoir les chasser et rendre toute sa pureté à ce ciel ardent sur lequel se détachent trois paysannes qui reviennent des champs et marchent sur un chemin ouvert entre des blés et des œillettes. Elles ont la réalité imposante des femmes accoutumées aux rudes travaux de la terre, et cependant développent une amplitude et une noblesse de mouvement que des caryatides n'auraient pas dédaignées. Il y a là du style et du meilleur. Le dessin très correct, la couleur très forte, sans exagération, donnent à cette toile une valeur d'exécution qui va de pair avec l'ordonnance générale.

Il est assez difficile de porter un jugement définitif sur. la toile exposée par M. Knaus ; elle n'a pas encore été vernie, et les *embus* sont tels qu'ils rendent la perspective incomplète, détruisent l'effet des glacis, donnent aux ombres une importance qu'elles n'ont pas réellement, diminuent la puissance des lumières et atténuent le relief du modelé. Telle qu'elle est cependant, on peut en dire qu'elle ne s'éloigne pas de la manière habituelle de M. Knaus. C'est toujours ce pinceau agréable, cherchant l'esprit, le trouvant parfois, exagérant un peu trop l'expression, procédant par plaques et abusant des tons bleuâtres, qui sont un souvenir encore trop direct de l'école de Dusseldorf. Les tableaux de M. Knaus sont plutôt une réunion de détails qu'un ensemble ; l'œil s'égare volontiers à chercher ces petites têtes fines juxtaposées, ces aimables petits bonshommes naïfs, importants, rusés, timides ou hardis, envieux ou indifférons. La composition est un peu diffuse, elle va au hasard, ne s'arrêtant ni ici ni là, ne donnant aucun point de repère à l'attention et la laissant divaguer à son aise. *Son Altesse en voyage* est descendue de sa lourde berline, qu'on aperçoit dans le lointain cheminant au petit pas de quatre chevaux. Le haut personnage, coiffé de la casquette et revêtu de la capote. prussiennes, va vite pour se dégourdir les jambes à l'air frais du matin ; il est assez rogue, assez sec, ne paraît se soucier que fort médiocrement de ce qui se passe autour de lui, et marche suivi par deux aides de camp, dont l'un, jeune homme fort évaporé, ricane de la bonne tête des paysans qui se sont réunis en hâte pour saluer l'altesse au passage. Le bourgmestre, le maître d'école, sont là avec une bande de gamins qui pleurent, rient ou admirent, selon leur impression, et braillent à tue-tête vive monseigneur ! Plus loin, près de quelques maisons, on aperçoit un groupe de jeunes filles en court jupon blanc, que la timidité à retenues loin de la route, mais que la curiosité a poussées hors de leurs chaumières. Pour qui connaît l'Allemagne, c'est une scène prise sur le fait, La bonhomie imposante des paysans, l'effarement des bambins, la raideur insouciante de l'altesse, la lourdeur bonasse de l'un des aides de camp, la gaieté de l'autre, la dignité transcendante du chasseur empanaché qui marche de loin derrière son maître, ont été saisis sur le vif de la nature. C'est une bonne satire, innocente, car elle est sans fiel, mais d'une observation juste et assez pénétrante. Le dessin de tous ces minuscules personnages est exact et soigné ; tout est exécuté avec un soin minutieux ; le sourire respectueux qui déride les visages, le bouton qui retient la bretelle en lisière, sont traités avec un soin égal. Le coloris doit être agréable, quoique un peu papillotant ; il est actuellement à l'état neutre et, pour apparaître dans la valeur que le peintre a voulu lui donner, il a besoin de la brosse du vernisseur. C'est en somme un bon tableau ; mais il me semble que la manière de M. Knaus s'est appauvrie, qu'il cherche la petite bête plus qu'il ne faudrait, que sa coloration manque d'unité, que ses dernières œuvres ne dépassent pas et ne font pas oublier *le Matin après une fête de village*, que nous avons vu en 1853.

Je serais tenté, d'en dire autant à M. Bonnat, Certes son *Ribeira dessinant à la porte d'Aracœli* est loin d'être une toile médiocre ; cependant elle n'est pas meilleure que *les Pèlerins au pied de la statue de saint Pierre* du Salon de 1864, et c'est ce que je lui reproche. Quand on a reçu en naissant le don naturel du coloris, il faut être difficile pour soi-même et tâcher de faire un progrès à chaque pas. Dans le nouveau tableau de M. Bonnat, on retrouve ce coup de brosse sagement vigoureux, cette habile distribution de lumière, qui sont les qualités ordinaires de cet artiste ; il me semble pourtant qu'il a obéi à une inspiration mal raisonnée en plaçant au centre même de la toile un ton jaune qui n'a aucun rapport avec la coloration générale, qui détonne, tire l'œil et n'est pas justifié. Une grande muraille blanchâtre appuyée sur un large escalier, une grille ouverte par où sortent des moines encapuchonnés, des hommes du peuple qui sont groupés ou dorment étendus sur les degrés ; au milieu, contre un pilier, une petite fille, en pleine clarté, pose, pendant que Ribeira, le carton aux genoux, la dessine assis dans un coin. La tonalité est grise et brune d'une couleur ferme et solide ; mais l'effet est compromis par la nuance jaune pâle du tablier du jeune modèle. Elle n'est pas en rapport avec la gamme donnée, elle est trop vive pour les bruns, trop sourde pour les gris ; en un mot, elle jure et brise une harmonie qui, sans elle, eût été excellente. Quant au portrait que M. Bonnat expose, il prouve qu'il doit rester dans la peinture de genre, ou du moins que, s'il en veut sortir, il ne pourra le faire qu'après de nouvelles, longues et sérieuses études. Il y a là des fautes de dessin manifestes, surtout dans la bouche et dans le bas du visage ; quant à l'exécution, elle est fort lâchée. La robe de mousseline, le petit chien bichon, semblent être en lilas blanc et auraient demandé une facture beaucoup plus serrée, J'ai peur que M. Bonnat ne s'en fie trop à son évidente facilité ; rien ne remplace le temps, et ce qui se fait sans lui court grand risque d'être incomplet.

M. Gustave Jacquet mérite qu'on parle de lui ; c'est un débutant, je crois, et ses deux tableaux indiquent des facultés de peintre peu communes qui, si elles sont développées par l'étude, pourront donner d'excellents résultats. Sa façon de colorer semble être un compromis entre la manière de M. Ricard et celle de M. Baudry. Elle a un côté maladif qui pourrait devenir dangereux, s'il était exagéré, ainsi que le prouve le triste exemple de M. Hébert ; mais telle qu'elle est aujourd'hui, elle est pleine de charme et de promesses. La touche est légère, très harmonieuse, et les nuances sont combinées avec un goût qui devient de plus en plus rare ; le dessin est loin d'être parfait, il a de regrettables faiblesses, et je signalerai spécialement à M. Jacquet l'exécution trop négligée des mains du *Portrait de Mlle F. M.* Le coloris sans la ligne peut produire des toiles agréables, mais ne donnera jamais ce qu'on appelle un bon tableau. Ingres disait : En matière de peinture, la ligne, c'est la probité, et il avait raison. M. Lebel aussi est un coloriste, ses deux petites toiles sont remarquables. Le sujet est insignifiant ; sa *Mendiante* représente une pauvre femme vêtue de noir, tenant un petit enfant dans ses bras et tournant une serinette ; le *Reliquaire* nous montre une paysanne italienne debout sur la pointe du pied et effleurant de ses lèvres une châsse exposée sur un autel. Dans ces deux tableaux, la lumière est sourde ; ce n'est donc pas dans des oppositions d'ombre et de clarté que M. Lebel a cherché et obtenu son effet, qui est très puissant. il est dû tout entier à des colorations profondes, combinées avec une science rare, et juxtaposées sans la moindre fausse note. Malgré une certaine violence contenue de la brosse, c'est fort doux et tout à fait symphonique ; mais si M. Lebel avait à peindre un plat de chicorée au lait, le peindrait-il autrement que la muraille contre laquelle s'appuie sa mendiante ?

Puisque nous en sommes aux coloristes, je parlerai de M. Bischoff. C'est un Hollandais ; il y a dans son petit tableau du soleil et de la couleur à satisfaire les plus exigeants. L'an dernier, M. Bischoff avait exposé un *Rembrandt se rendant à la leçon d'anatomie* qui ne manquait pas de certaines bonnes qualités, mais qui était loin de valoir *le Jour de la Pentecôte*, que nous voyons aujourd'hui. Il y a un peu du procédé de Decamps dans cette façon d'opposer brusquement les parties lumineuses et les parties ombrées de la composition. Ce n'est certes pas ce qu'on pourrait appeler une peinture saine ; on a peut-être abusé de l'empâtement, des glacis, de l'os de seiche, du rasoir, des reliefs factices, des contours cernés, mais l'effet cherché est obtenu. Si les moyens sont douteux, le résultat est bon, et c'est ce qu'on doit constater. Une jeune fille en vieux costume frison de Hindeloopen est assise de profil perdu et lit une bible placée devant elle sur un meuble qui tient le milieu entre le prie-Dieu et le lutrin ; un rayon de soleil passant par la fenêtre jette une clarté violente sur la scène et l'anime par le très fort contraste d'ombres très foncées, quoique transparentes, et de lumières excessivement aiguës. Les meubles rouge-vermillon, la jupe violet sombre, les manches de la chemise blanche semées de fleurs, le mouchoir varié qui entoure la tête de la jeune fille, son aumônière rehaussée de touches blanches enlevées en relief, la bible à laquelle une plume de paon sert de signet, un bouquet de tulipes, une petite vache en faïence faisant accessoires, tous les détails en un mot ressortent avec une vigueur extraordinaire et indiquent un coloriste-luminariste de premier ordre. L'abus des *ficelles* disparaît dans une facture à la fois très large et très serrée qui a su rassembler l'effet et lui donner une importance qu'on ne saurait trop louer. Non-seulement ce tableau est bon, plaisant à regarder, mais il est extrêmement original, et c'est là une qualité assez rare aujourd'hui pour qu'il ne soit pas superflu de le signaler particulièrement.

M. Jundt aussi mérite d'être loué sous ce rapport, quoique son originalité soit de moins bon aloi que celle de M. Bischoff, qu'elle soit un peu voulue et parfois trop manifestement travaillée. On risque bien souvent, en voulant à tout prix attirer les regards, de tomber dans le baroque et de cesser d'être intéressant à force d'essayer d'être singulier. La mesure est parfois difficile à garder, et les meilleurs esprits peuvent se laisser entraîner à des exagérations qui ne font que les compromettre sans rapporter aucun profit sérieux à leur talent et à leur réputation. Hâtons-nous de dire que ce n'est pas le cas de M. Jundt, et que son tableau intitulé *Parrain et marraine, souvenir des Alpes*, n'a rien qui dépasse les justes limites où un artiste doit toujours se maintenir. C'est une symphonie en blanc majeur, comme dirait un poète de notre temps. L'importance du sujet ne comportait peut-être pas des personnages grands comme nature, et la toile, je crois, n'aurait rien perdu à être diminuée d'un bon tiers ; mais la marraine est si jolie, son compère est si naturellement empêtré, que le reproche a quelque peine à se formuler. A l'aube, dans le grand pays des montagnes, sous un ciel blanchissant et non loin des glaciers, une jeune femme et un vigoureux paysan sont partis pour porter à l'église l'enfant nouveau-né qu'ils vont tenir sur les fonts. La marraine marche devant, fraîche, pimpante et coquette, coiffée du chapeau de paille à quadruple retroussis, vêtue de sa belle robe de cérémonie où s'attache le large tablier blanc orné de rubans de toutes couleurs ; elle se retourne pour voir si elle est suivie par le parrain, qui porte le petit enfant couché sur son oreiller, couvert de langes éblouissants et embéguiné du bonnet de velours rouge pailleté d'or. La pente est plus que rapide, c'est un escalier taillé dans le roc ; le parrain serre l'enfant contre sa poitrine avec cette maladresse attentive de l'homme, qui n'a jamais su porter un nourrisson. Il regarde par-dessus son doux fardeau afin de voir où il va poser les pieds ; il est penché en avant, sa tête disparaît sous l'immense chapeau tyrolien orné du gland d'or et des plumes de tétras traditionnelles ; sa jambe solide est pressée dans un gros bas, et sa figure exprime une attention inquiète dont sa jeune compagne, fraîche comme une aubépine en fleur, paraît se moquer en souriant ! C'est extrêmement gracieux et d'une bonne facture, à laquelle on doit cependant reprocher certaines lourdeurs opaques qui lui donnent une apparence quelque peu pesante. Cela tient évidemment au procédé, à l'abus des *terres*, et souvent aussi à l'absence de glacis. Ce défaut, que je signale tout spécialement à l'attention de M. Jundt, est visible dans son autre toile intitulée *après Sadowa*. Ce tableau ressemble à une gouache ; on dirait qu'il a été peint sur un fond préparé au blanc d'Espagne, et que ce fond a repoussé. Tout y est d'un gris de souris singulier, dont on ne se rend pas compte, qui ternit le coloris général et attriste toute la composition. M. Jundt, qui a un talent réel, qui observe bien et rend juste, avec une pointe d'ironie, fera bien de corriger sa maniéré de cette légère imperfection. Rien n'est plus facile, et ses tableaux y gagneront.

Si le procédé de M. Jundt accuse parfois trop de pesanteur, celui de M. Eugène Fromentin se distingue par une légèreté sans égale. Il arrive à donner une intensité fort remarquable à sa coloration, tout en lui laissant une transparence qui paraît la rendre diaphane, Elle n'en est que plus agréable et plus douce aux yeux. C'est par le coloris que M. Fromentin conçoit ses tableaux, cela me paraît évident. Il entrevoit une combinaison de nuances, une gamme précieuse ; il l'exécute, et les personnages ne sont plus pour lui qu'un prétexte à réaliser les tons qu'il a rêvés. Aussi ce qui domine toujours dans ses tableaux, c'est l'effet d'ensemble, qui est harmonieux comme un châle de cachemire. C'est là une qualité rare, que M. Fromentin a développée chez lui avec un soin constant et qu'il possède au plus haut degré. En ce genre, les *Bateleurs nègres* sont excellents. Sous le ciel puissant de l'Afrique, dans un village du Sahara, village à maisons grises, basses, percées de fenêtres étroites, parfois garanties du soleil par un haillon tendu, une rue sert de théâtre à leurs exercices. La tête, les bras, le torse, les jambes nus, à peine couverts d'un caleçon rouge, tournant sur eux-mêmes, entrechoquant dans leurs mains les lourdes crotales de fer, ils dansent pendant que leurs compagnons frappent à coups redoublés sur le darabouck, et que des Arabes immobiles dans les larges plis de leur burnous, rangés à l'ombre contre une muraille, les contemplent en roulant leur chapelet entre leurs doigts. Quelques femmes, quelques enfants, se sont groupés çà et là et regardent les histrions, qui se démènent au milieu du bruit. Il est difficile de voir une toile plus plaisante et plus douce ; à force de science, la couleur arrive à une sorte de suavité qu'il n'est pas aisé de définir. Les petites têtes des enfants et des jeunes femmes curieuses, quoique un peu trop plates, sont très fines et fort bien rendues. Quant à l'aspect général du pays, on sait à quel point M. Fromentin excelle à le traduire sur la toile ; c'est assez dire qu'il est exact et d'une vérité parfaite. C'est, je crois, dans les toiles de cette dimension que M. Eugène Fromentin doit continuer à chercher les succès qui déjà ont récompensé ses efforts et lui ont valu la juste réputation dont il jouit. La grandeur d'un tableau ne prouve rien, ni pour ni contre le talent de celui qui l'exécute, on le sait ; mais il semble que M. Fromentin est plus maître de lui lorsque, concentrant tout son effet dans un cadre restreint, il n'est pas entraîné à grandir ses personnages, à substituer la ligne et le modelé à la couleur et à atténuer ainsi ses principales et meilleures qualités. La *Caravane* de Marilhat vaut une toile de vingt pieds, et l'artiste aurait donné des proportions de nature à ses modèles qu'il n'aurait pas dit plus qu'il n'a dit. Dans un petit tableau, M. Fromentin excelle à grouper ses bonshommes, à éviter les *trous* dans la composition, à faire valoir son coloris par le rapprochement des nuances habilement choisies ; dans les tableaux plus grands, ces qualités, qui sont précieuses, semblent s'amoindrir, se disperser et perdre de leur charme. M. Eugène Fromentin a la grâce, c'est un don à n'en pas vouloir d'autre, et peut-être risquerait-il de s'égarer encore, s'il cherchait la vigueur.

Du Sahara en Égypte, il n'y a pas très loin, et nous irons avec M. Gérôme, qui, dans le *Marché d'esclaves* et dans le *Marchand d'habits*, nous montre deux bons souvenirs rapportés du Caire. Quand M. Gérôme se mêle d'être précis, il l'est plus que personne ; mais pour cela il faut qu'il ait vu, il imagine mal et se rappelle très bien. Il a saisi au passage avec un grand bonheur les différents types de l'Orient. L'Arabe, le Skipétar, le Turc, le Barabras, le Syrien, se reconnaissent au premier coup d'œil, et dans l'expression ethnographique de ses personnages il reste toujours vrai, à moins qu'il ne s'essaie à quelque plaisanterie, comme il l'a fait l'an dernier pour les têtes amassées à la *porte de la mosquée d'Haçanin*. A ce point de vue, les deux tableaux qu'il a envoyés au Salon de cette année sont tout à fait sérieux. Le *Marché d'esclaves* est une scène prise sur le fait. Les djellabs, lorsqu'ils reviennent de leurs longs et pénibles voyages sur le Haut-Nil, installent leur marchandise humaine dans ces grands okels qui s'étendent au Caire du côté de la mosquée ruinée du kalife Haakem ; c'est là qu'on va pour acheter une esclave, comme ici on va à la halle pour acheter un turbot. Assises sur des nattes, à l'ombre des galeries, les négresses nues, à peine protégées par une loque graisseuse, attendent les acheteurs en dormant ou en faisant les mille petites tresses qui composent leur coiffure. Les femmes d'un prix plus, élevé, celles du plateau de Gondar et du pays de Choa, sont enfermées dans des chambres séparées, loin des yeux indiscrets. C'est une de ces femmes, une Abyssinienne que M. Gérôme a prise comme personnage principal de sa composition. Elle est nue et montrée par le djellab, qui a une bonne tête de brigand habitué à tous les rapts et à toutes les violences ; l'idée de l'âme éternelle n'a pas dû souvent tourmenter un pareil bandit. La pauvre fille est debout, soumise, humble, résignée avec une passivité fataliste que le peintre a très habilement rendue. Un homme l'examine, regarde ses dents comme on regarde celles d'un cheval, et apprécies la marchandise avec cet œil défiant qui est particulier aux Arabes. Deux ou trois personnages à beaux costumes, complètent ce groupe principal. Dans les fonds fermés, on aperçoit des esclaves disséminées çà et là. Le *Marchand d'habits* est un de ces vieillards comme il en existe beaucoup au Caire ; ils ont gardé les vieilles modes, refusent absolument d'endosser la tunique, de coiffer le tarbouch, restent fidèles à l'ancien turban de mousseline blanche, à la vaste robe à grands plis, semblent eux-mêmes une curiosité ambulante, et s'en vont par les rues, criant leur bric-à-brac. Quand ils rencontrent un Européen, ils s'arrêtent, et avec un sourire engageant ils lui disent, en lui présentant quelque hachette ou quelque vieux poignard : *Antica, Mameluck, bono, bono !* Celui de M. Gérôme, portant sur le bras de belles défroques roses, offre un sabre à un Arnaute, qui est bien près de se laisser tenter ; un groupe s'est formé auprès du marchand, et chacun donne son avis. Au fond, on aperçoit une boutique près de laquelle un chien roux est accroupi dans la pose du dieu Anubis, et l'on voit deux femmes enveloppées de manteaux blancs qui rentrent dans leur maison. Tout cela est exact et d'une observation très juste. On peut reprocher à M. Gérôme d'avoir le trait un peu sec et la coloration souvent trop aiguë ; mais, lorsque le temps aura mis sa patine puissante sur ses toiles, elles s'harmoniseront dans une teinte douce et profonde. De plus, elles auront cet avantage fort appréciable de ne pas perdre en vieillissant, car elles sont faites et poussées aussi loin que possible.

M. de Tournemine quitte aujourd'hui l'Asie-Mineure et les bords du Danube, il s'en va vers l'intérieur de l'Afrique et vers l'Amérique du Sud à la suite des voyageurs, qui sont parfois de bons conseillers. Les *Perroquets et Flamants*, les *Éléphants d'Afrique* sont deux jolies compositions pleines d'air, de coloris, où le peintre, accusant son modelé plus que d'habitude, a mis toutes les qualités qui lui sont familières. Les grands éléphants, qui, les pieds dans l'eau, se détachent en vigueur sombre sur le soleil couchant, sont d'un effet réussi qui remet en mémoire une des toiles les plus singulières de Decamps. On peut reprocher au premier de ces tableaux d'avoir traité l'histoire naturelle avec trop de sans-façon, et je pense que M. Paul Marcay, sur le texte de qui M. de Tournemine s'est appuyé, n'a jamais vu au Pérou le kakatoès rose, qui ne vit qu'à la Nouvelle-Hollande, ni le kakatoès à huppe rouge, dont le vrai nom, *Psittacus moluciensis*, indique assez qu'il est originaire des Moluques. Ce genre de critique, je le sais, n'est guère admis par les artistes, mais il n'en est pas moins sérieux les documents que l'on peut consulter abondent, et intervertir la faune des pays, c'est commettre volontairement une erreur qu'il est facile d'éviter, et qui ne devrait jamais se rencontrer aujourd'hui.

M. Théodore Rousseau a fait un grand effort pour produire une œuvre originale, et je crains qu'il n'ait pas atteint le but qu'il se proposait. Sa *Vue du lac de Genève* (non inscrite au catalogue) a été conçue dans un parti-pris trop manifeste. C'est très fini, modelé ou plutôt pommelé avec un soin rare, mais que de coups de grattoir sur cette peinture pour l'amener à l'effet cherché ! A certaines places, la toile apparaît avec son grain régulier et semble de loin une ruine de ces ouvrages en brique que les Romains appelaient *opus reticulatum*. Le système de coloration est tout entier dans une dégradation de nuances qui, commençant au premier plan par des tons d'un vert presque noir, aboutit par couches successives et presque insensibles aux blancheurs neigeuses de la chaîne des Alpes. L'effet saisit au premier abord, j'en conviens, mais il faut s'en aller vite sur cette impression et ne pas la raisonner, car elle ne tarderait pas à s'évanouir. Ce tableau néanmoins est très curieux à étudier, il dénonce une habileté de main, une ténacité, dans l'emploi des procédés, une volonté de rendre une idée conçue, qui sont extraordinaires. Seulement on peut croire que l'effet obtenu eût été meilleur et plus durable, si les moyens mis en usage avaient été plus simples et plus naïfs.

M. Mac-Callum est, je crois, un nouveau-venu parmi nous ; son début est important, et ses tableaux, *Chênes dans la forêt de Sherwood* et *Entrée de la forêt de Windsor* (le livret a interposé les numéros), indiquent un artiste déjà maître de son talent. On reproche souvent aux paysagistes de faire des effets d'ombres chinoises ; M. Mac-Callum a procédé d'une façon diamétralement opposée, car dans sa *Forêt de Windsor* il a mis un paysage très clair sur un fond très sombre. Il a choisi un de ces moments si fréquents en Angleterre où les nuages chargés d'eau laissent glisser un rayon de soleil qui éclaire d'une lumière blafarde certaines parties de la nature, tandis que les autres restent dans l'ombre. Un ciel excessif veinent brumeux et tout à fait foncé, mais sur lequel se détache en tons plus accentués encore la lourde masse du château royal, sert de repoussoir à une lande jaunie, où s'élancent deux immenses chênes dépouillés qui sont, pour ainsi dire, l'avant-garde de la forêt qu'on aperçoit au loin. La tonalité générale est jaunâtre, enlevée sur un fond teinte neutre. C'est un aspect exceptionnel de la nature, mais il est d'une grande vérité et frappera tous ceux qui connaissent l'Angleterre. Les arbres sont exécutés en manière de trompe-l'œil, et je suis persuadé qu'ils ont été copiés d'après une épreuve photographique. Toutes les rugosités, les nodosités, les rides, les inflexions, les mousses parasites, les verrues, les soulèvements d'écorce, sont rendus avec un précieux et un fini difficiles à concevoir. Ce tableau ressemble à une énorme agate arborisée. C'est un paysage traité comme Denner traitait les portraits. Le méticuleux dans l'art est-il bien utile ? On peut en douter ; mais on doit reconnaître qu'il faut déjà un grand talent et une science sérieuse pour arriver à un si étrange résultat. La *Vue prise dans l'île de Capri* par M. Hippolyte Lanoue n'est pas inférieure aux excellents tableaux qu'il avait exposés en 1865 et en 1866. La pureté de la ligne, la fermeté de la pâte, la solidité de la coloration, sont toujours aussi respectées. Heureux les artistes pour qui le succès est un encouragement au travail ! C'est presque un paysage historique, que M. Lanoue a fait là : il n'avait qu'à mettre quelques habits rouges au premier plan, quelques habits bleus au dernier, un peu de fumée entre eux, et il aurait représenté la prise de Capri par les Français. En effet, ce fut de ces hautes montagnes d'Anacapri, dont M. Lanoue a si bien traduit l'imposante solennité et qui forment le fond de son paysage, que les Français, conduits par le général Lamarque, se sont laissé glisser au mois d'octobre 1808 pour aller attaquer les Anglais, qui, sous les ordres d'Hudson Lowe, s'étaient réfugiés et fortifiés dans la petite ville de Capri, où verdoie ce palmier que l'artiste s'est plu à rendre dans sa position exacte. M. Lanoue a peint au premier plan un groupe d'oliviers qui est une excellente étude de ces arbres toujours en lutte contre le vent de la mer, auquel ils ne résistent que par un miracle sans cesse renouvelé de sève surabondante et de végétation tenace. La coloration est très limpide, et rend bien l'aspect de ces beaux pays aimés du soleil.

Telles sont les œuvres qui, dans le Salon de 1867, m'ont paru dignes d'être signalées aux lecteurs de la *Revue* ; elles tranchent par certaines qualités spéciales que j'ai essayé de faire ressortir sur l'ensemble terne et affaissé de l'exposition. Rien de considérable ne s'est produit, et, ainsi que nous le disions en commençant, la grande peinture a une tendance évidente à disparaître. Tout le talent de nos artistes s'est réfugié dans le genre et le paysage ; l'art abstrait s'en va, il est remplacé par l'art relatif, c'est-à-dire par celui qui a pour but de plaire, de trouver un débouché et de satisfaire les goûts de la foule. L'avenir seul pourra dire si ce changement a été heureux ; notre seule mission est de le constater en gémissant, car nous croyons qu'il est funeste. L'Europe artiste nous a envoyé ses œuvres, il est intéressant de les étudier et de dire quelle situation la France occupe encore dans le monde des arts ; c'est ce que je tenterai prochainement en parlant de la sculpture et de la peinture à l'Exposition universelle.

ISBN : 978-1720700548

www.ingramcontent.com/pod-product-compliance
Lightning Source LLC
Chambersburg PA
CBHW070927220526
45468CB00005B/1690